21 Décembre 1906

OBJETS D'ART

ET D'AMEUBLEMENT

DU XVIIIe SIÈCLE

Porcelaines — Bronzes — Meubles

TAPISSERIES

De Beauvais, d'Aubusson et des Flandres

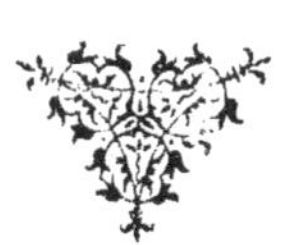

OBJETS D'ART

ET D'AMEUBLEMENT

DU XVIIIe SIÈCLE

Porcelaines montées, Bronzes d'Ameublement

SIÈGES — MEUBLES — OBJETS DIVERS

MEUBLES EN TAPISSERIE D'AUBUSSON

TAPISSERIES

De Beauvais, d'Aubusson et des Flandres

CONDITIONS DE LA VENTE

Elle sera faite au comptant.

Les acquéreurs paieront *dix pour cent* en sus des enchères.

L'exposition mettant le public à même de se rendre compte de la nature et de l'état des objets, aucune réclamation ne sera admise une fois l'adjudication prononcée.

Paris — Imp. Georges Petit, 12, rue Godot-de-Mauroi — [illegible]

CATALOGUE

DES

OBJETS D'ART

ET D'AMEUBLEMENT

DU XVIIIe SIÈCLE

NOMBREUSES ET BELLES PORCELAINES DE SAXE, SÈVRES, CHINE

Montées en Bronze doré

SERVICE DE TABLE EN ANCIENNE PORCELAINE DE SAXE

BISCUITS

Très beaux Bronzes d'Ameublement

BELLES PENDULES, BRAS-APPLIQUES ET IMPORTANTS CHENETS

DU TEMPS DE LOUIS XVI

MEUBLES EN MARQUETERIE ET SIÈGES DU XVIIIe SIÈCLE

AMEUBLEMENTS DE SALON EN BOIS DORÉ

COUVERTS EN ANCIENNE TAPISSERIE D'AUBUSSON

Tapisseries de la Manufacture Royale de Beauvais

Plusieurs suites de Tapisseries d'Aubusson, des Flandres, etc.

TAPIS DE LA SAVONNERIE

OBJETS VARIÉS

DONT LA VENTE AURA LIEU

HOTEL DROUOT, SALLES 9, 10 et 11 réunies

Le Vendredi 21 Décembre 1906, à 2 heures

COMMISSAIRE-PRISEUR

Me F. LAIR-DUBREUIL

6, Rue de Hanovre, 6

EXPERTS

MM. PAULME & B. LASQUIN FILS

10, Rue Chauchat — Rue Laffitte, 12

EXPOSITIONS

PARTICULIÈRE : *Le Mercredi 19 Décembre 1906, de 1 heure 1/2 à 6 heures*

PUBLIQUE : *Le Jeudi 20 Décembre 1906, de 1 heure 1/2 à 6 heures.*

Entrée par la Rue Grange-Batelière

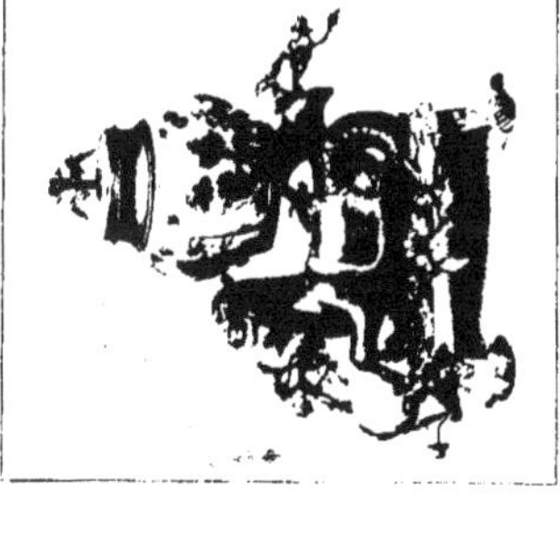
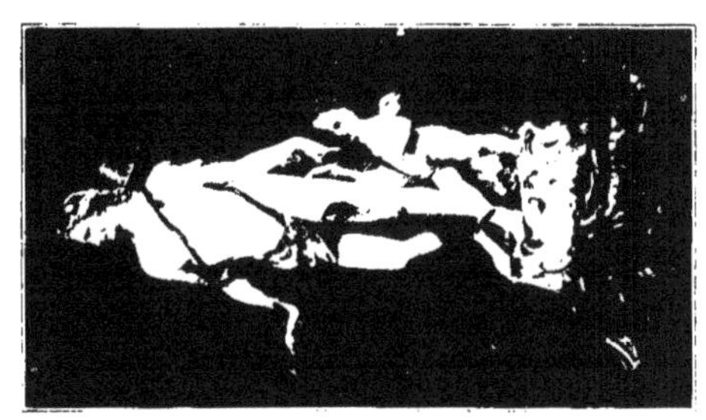
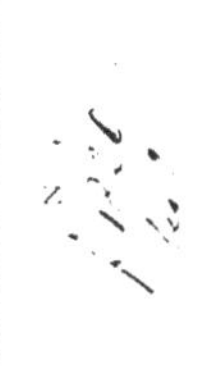
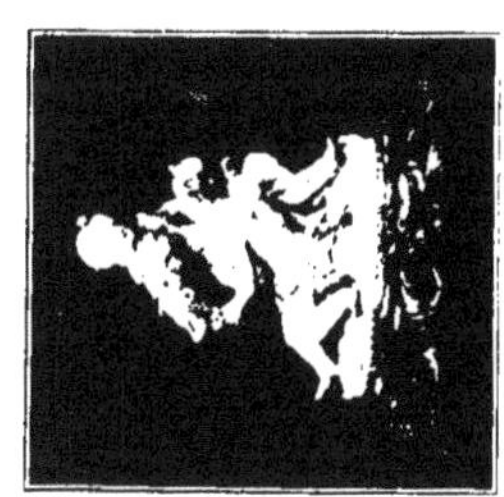
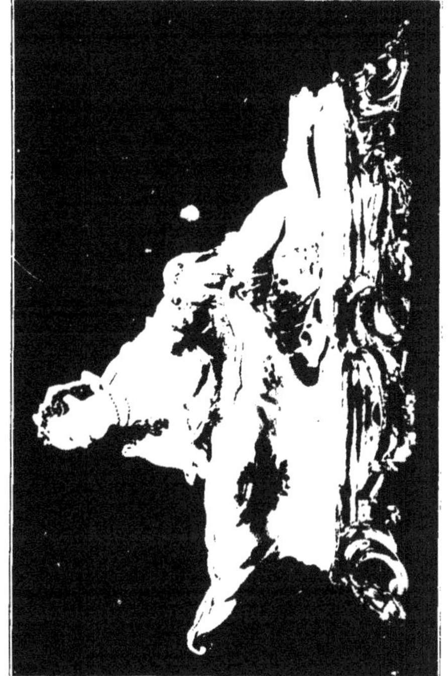
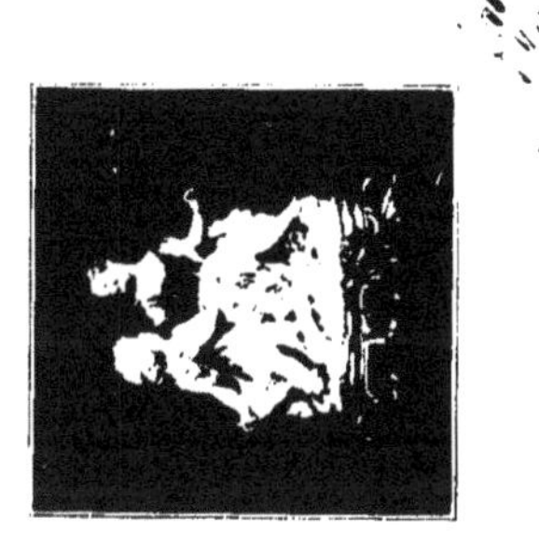
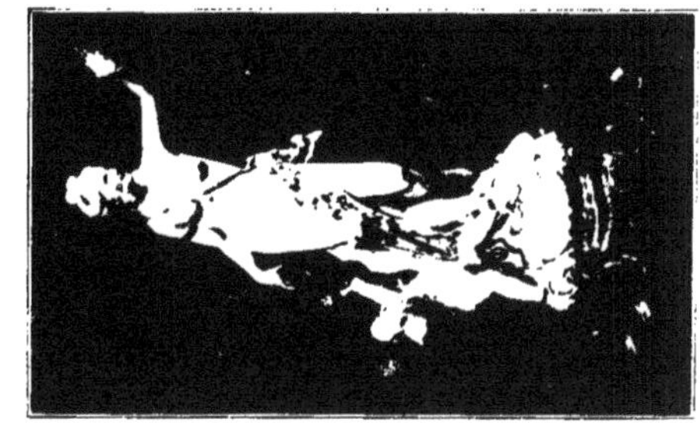
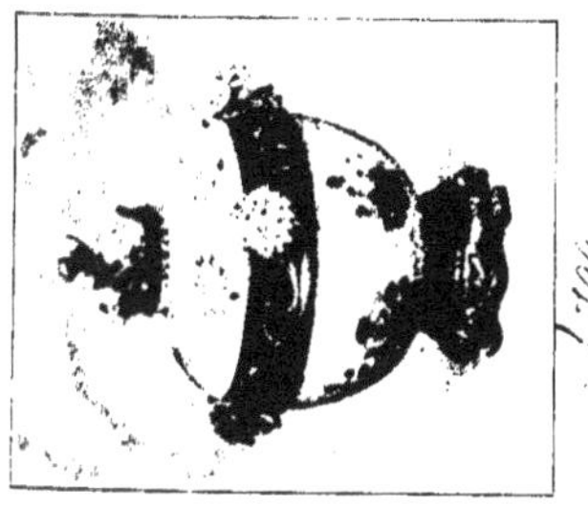

Désignation

PORCELAINES ANCIENNES

DE SAXE, SÈVRES, CHINE, ETC.

PORCELAINES MONTÉES

1 — Important groupe de cinq figures : les quatre Saisons, dominées par une statuette de Diane, en ancien biscuit, sur socle adhérent, de même porcelaine. xviiie siècle.

2 — Statuette en ancien biscuit de Sèvres : *Baigneuse*, d'après Falconet. Socle ajouré, en bronze doré.

3 — Important service de table en ancienne porcelaine de Saxe finement décorée de bouquets et fleurettes détachées, le marli à pâte gaufrée simulant la vannerie. Les soupières sont à deux anses formées de branches fleuries, et le bouton des couvercles, de fleurs en relief décorées au naturel.

Il se compose de 121 pièces : 64 assiettes plates; 26 assiettes creuses; 14 plats ronds; 3 plats carrés; 2 soupières avec couvercles et plateaux; 2 sucriers ovales; 10 compotiers.

4 — DEUX GRANDES FIGURINES MYTHOLOGIQUES, accompagnées chacune d'un amour, en ancienne porcelaine de Saxe. Elles reposent sur des terrasses en bronze ciselé et doré à rocailles, de style Louis XV.

5 — DEUX GROUPES DE DEUX ENFANTS, à sujets allégoriques, en ancienne porcelaine de Saxe. Ils reposent sur des terrasses en bronze ciselé et doré, de style Louis XV.

6 — GRANDE FIGURINE DE FEMME ASSISE, tenant une coupe évasée, à quatre lobes, décorée de fleurs et d'un médaillon à paysage, en porcelaine de Saxe. Elle repose sur une terrasse en bronze ciselé et doré, de style Louis XV.

7 — PETITE FONTAINE composée d'un vase et d'une petite coupe formant bassin, en ancienne porcelaine gros bleu, et de deux cygnes en ancienne porcelaine de Saxe. Ils sont montés sur une terrasse rocaille, agrémentée de tiges de roseaux, en bronze ciselé et doré. Époque Louis XV.

8 — BRULE-PARFUM formé d'une coupe couverte, en ancienne laque rouge, avec monture feuillagée ; sur une terrasse rocaille en bronze ciselé et doré, ornée de deux statuettes de singes musiciens et de fleurettes en ancienne porcelaine de Saxe. Époque Louis XV.

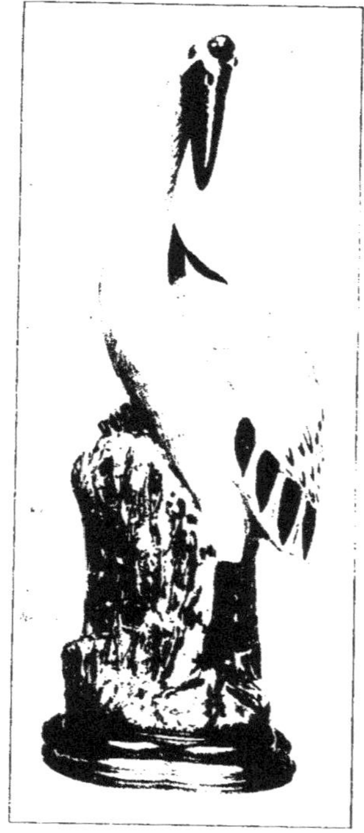

N° 18

f 13.000 —
les deux

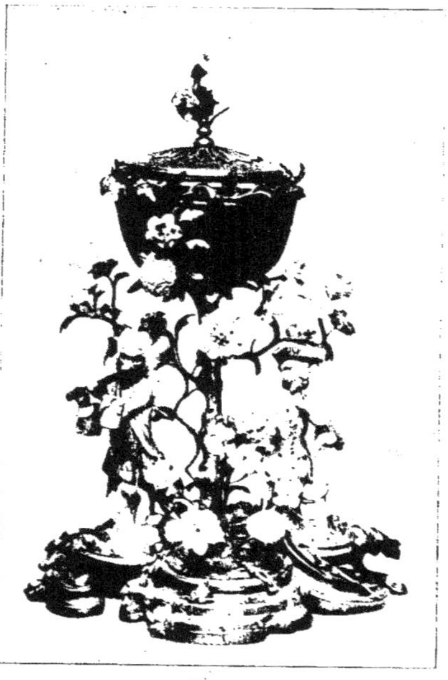

N° 8

f 5035 —

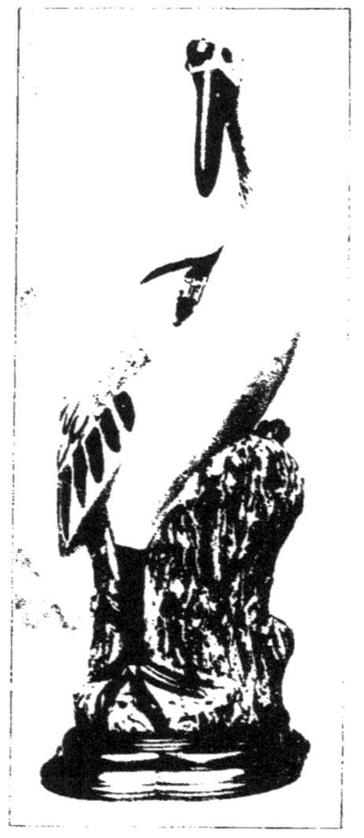

N° 18

f 13.000 —
les deux

N° 11

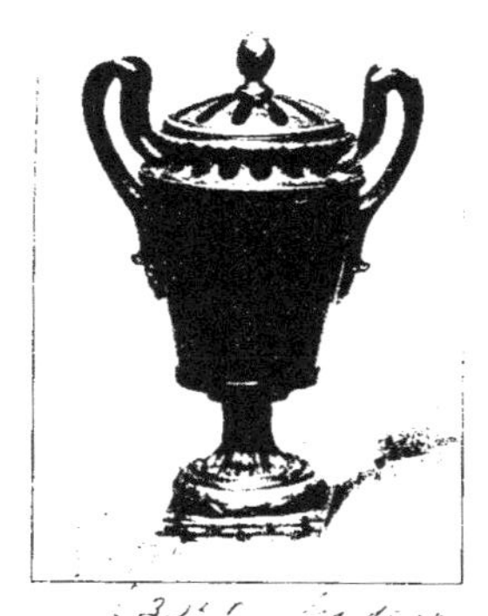

f3050 les deux

N° …

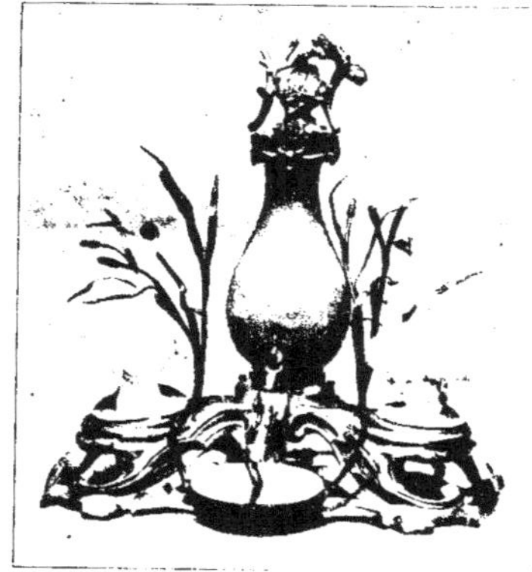

f3050 –

N° 11

f3650 – les 2

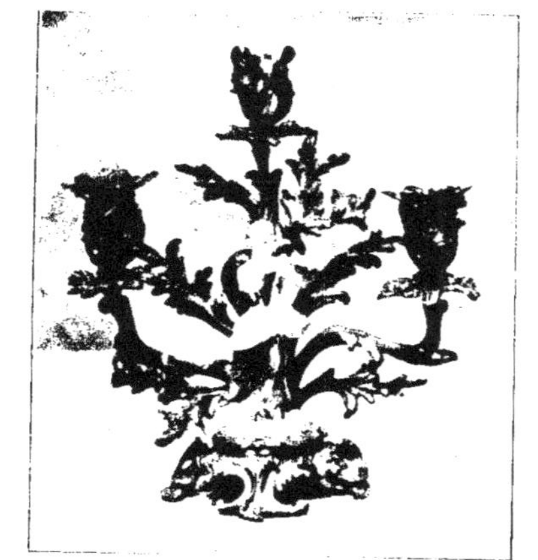

N° 12

f3020 les 2

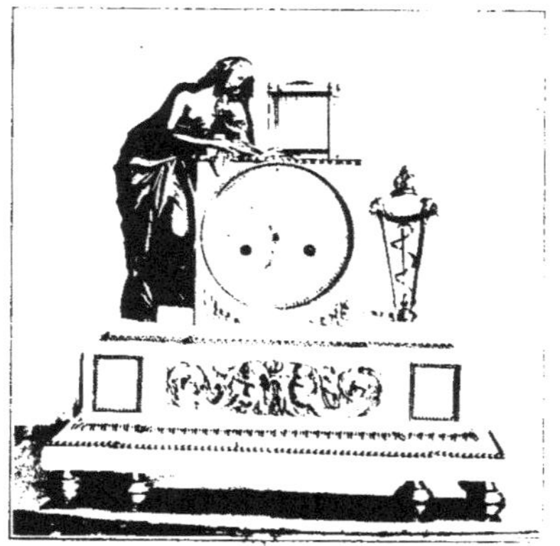

N° 2…

f2000 –

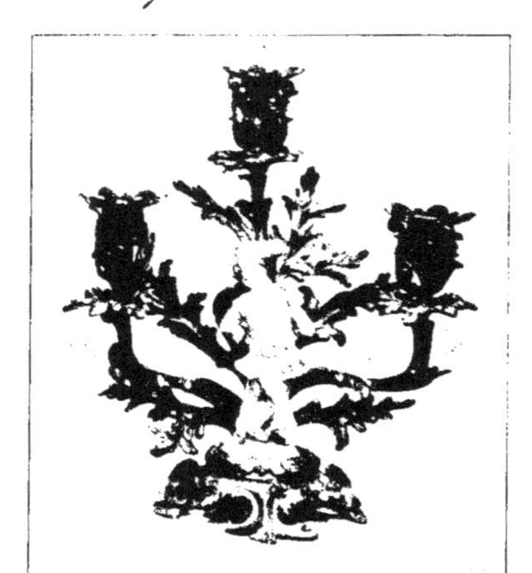

N° 12

f3020 – les deux

9 — Brule-parfum formé d'un vase de forme surbaissée, à décor coréen, et de trois oiseaux, en ancienne porcelaine de Saxe; terrasse rocaille en bronze ciselé et doré. Époque Louis XV.

Vente de Maillé (janvier 1900).

10 — Brule-parfum formé d'un vase à couvercle, de forme sphérique, côtelé, en ancienne porcelaine de Saxe, décoré de chrysanthèmes dans le goût chinois; il est monté sur une terrasse à branches d'acanthe feuillagées et fleuries, en bronze ciselé et doré, sur laquelle repose un cheval marin en ancien céladon ocre de Chine. Époque de la Régence.

11 — Paire de vases brule-parfum, de forme obconique, en ancienne porcelaine pâte tendre de Sèvres vert uni. Ils sont montés chacun sur un piédouche et garnis de deux anses et d'un couvercle en bronze ciselé et doré. Époque Louis XVI.

12 — Paire de candélabres à trois branches, en bronze ciselé et doré. Ils sont agrémentés chacun d'une statuette de *Fillette jouant de la lyre* et *Jeune garçon dansant*, en ancienne porcelaine de Saxe. Époque Louis XV.

13 — Vase brule-parfum en ancien céladon craquelé de Chine. Monture en bronze finement ciselé et doré, avec bouton supérieur formé d'un feuillage. Époque Régence.

14 — Brule-parfum formé d'un bouddha accroupi, en grès de Chine, sur une terrasse à rocailles en bronze ciselé et doré, d'où s'échappe un branchage portant un vase en ancienne porcelaine de Chine, décoré en couleur. Époque Louis XV.

15 — Paire de petits vases de forme carrée, en ancien céladon de Chine bleu turquoise, à dessins en relief. Ils sont ornés de montures à anses et col, en bronze ciselé et doré. Époque Louis XV.

16 — Petit vase dit pot-pourri, en ancienne porcelaine de Chine décorée de chrysanthèmes et feuillages en bleu, rouge et or. Il est orné d'une monture en bronze ciselé et doré, agrémentée de fleurettes en ancienne porcelaine de Saxe. Époque Louis XV.

17 — Bouteille en ancien céladon de Chine bleu turquoise, montée sur une base à godrons, en bronze ciselé et doré. Époque Louis XVI.

18 — Paire de grands oiseaux en ancienne porcelaine de Chine, décorés au naturel, la pâté gaufrée sous couverte, simulant le plumage. Ils sont debout, une patte levée et appuyée sur un rocher décoré en émaux verts.

Montures en bronze doré, à gorges et moulures, de forme quadrilobée. Époque Louis XV.

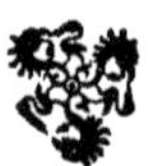

N° [illegible]

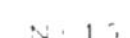

N° 15

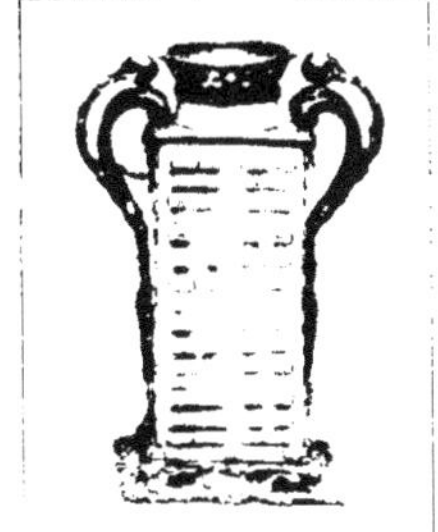

ƒ 3000 —
les deux

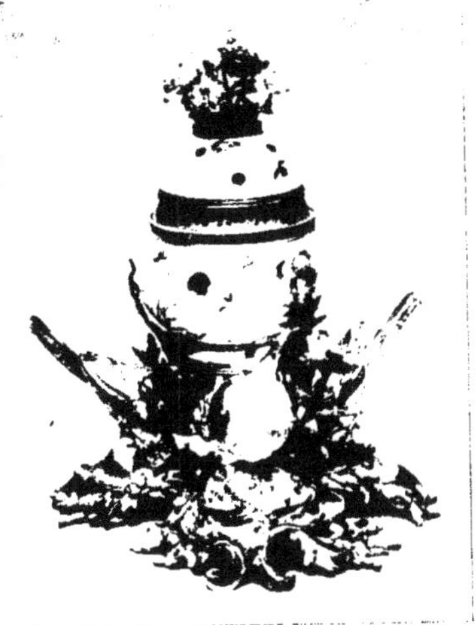

ƒ 10.200 —

N° [illegible]

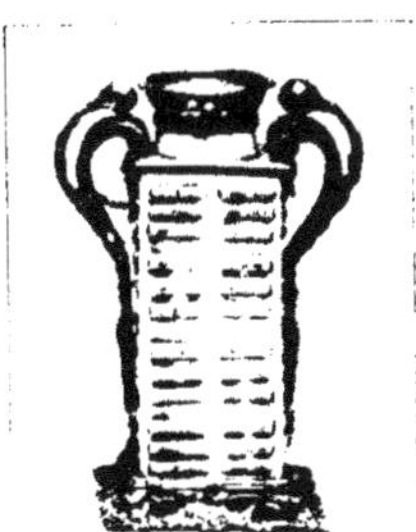

ƒ 3000 —
les deux

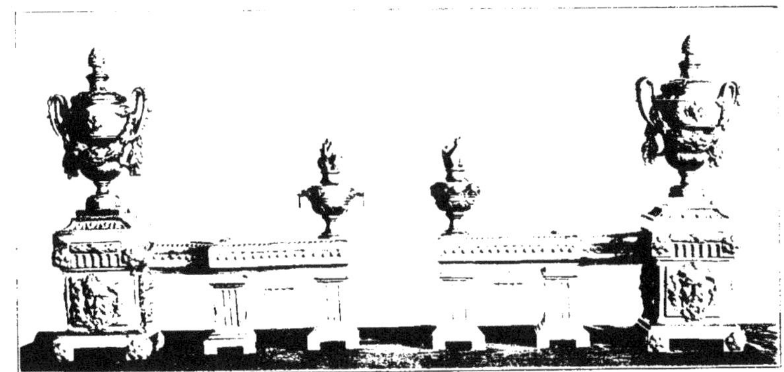

N° [illegible]

ƒ 2550 —

BRONZES D'AMEUBLEMENT

PENDULES

19 — Trois motifs de chutes semblables, en bronze ciselé et doré. Époque Louis XV.

20 — Deux autres analogues, de même époque.

21 — Paire de petits flambeaux-trépieds, à têtes de satyres, en bronze ciselé et doré. xviiie siècle.

22 — Paire de girandoles à deux lumières, en bronze ciselé et doré. Époque Louis XVI.

23 — Paire d'importants bras-appliques à trois lumières, en bronze. Modèle à rinceaux feuillagés, sortant d'un culot enrichi de laurier et se terminant par un vase côtelé d'où s'échappe une tige de rose. Époque Louis XVI.

24 — Paire d'importants chenets en bronze ciselé et doré. Ils sont formés chacun d'une aiguière, sur fût de colonne à cannelures, enguirlandée de feuilles de chêne retombant en chute sur la galerie qui est ornée, ainsi que le fût, d'une frise de pampres de vigne, d'un trophée de carquois et de torche et d'une pomme de pin. Époque Louis XVI.

25 — Paire d'importants chenets en bronze ciselé et doré, formés chacun d'un vase enguirlandé sur socle rectangulaire avec mascaron : galerie à pilastres et entrelacs, terminée par une cassolette enflammée. Époque Louis XVI.

26 — Pendule en bronze patiné et bronze doré. Elle est formée d'un rhinocéros reposant sur une terrasse à rocailles et feuillages et portant le mouvement encadré de branchages. Cadran marqué de *Julien Leroy*. Époque Louis XV.

27 — Pendule en marbre blanc et bronze ciselé et doré : jeune femme et amour en bronze et rocher en marbre. Époque Louis XVI.

28 — Pendule en bronze doré, à figure de jeune femme séduite par l'Amour ; le cadran, de *Péchot le jeune*, à Paris, pose sur un socle en marbre blanc avec base en marbre rouge, décorée de frises en bronze doré. Contre-socle en marbre blanc. Époque Louis XVI.

N° 23

N° 23

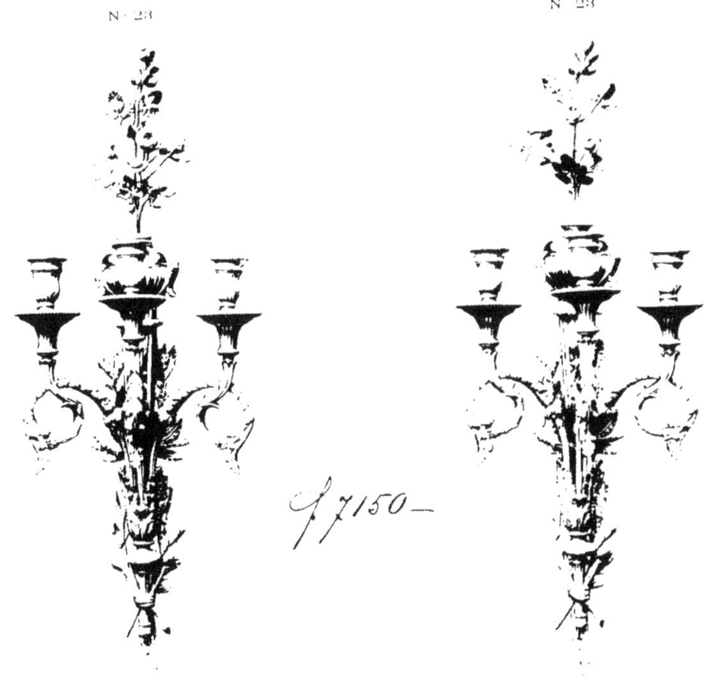

f 7150—

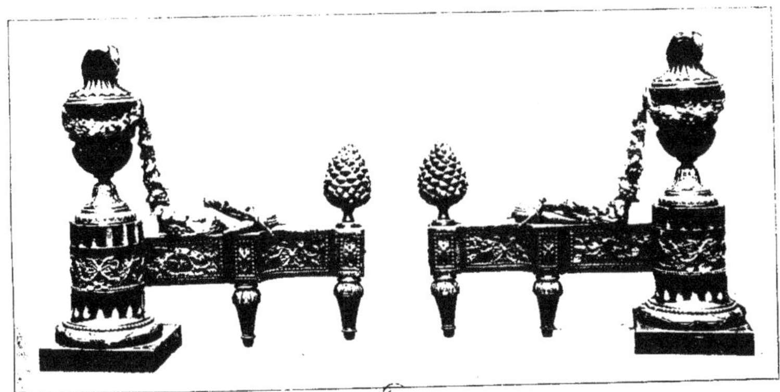

N° 24

f 6300—

29 — Pendule en marbre blanc et bronze ciselé et doré. A gauche du mouvement est une figure de femme debout, drapée, tenant un oiseau auprès d'une cage ouverte ; à gauche, une cassolette. Sur le socle, frise de rinceaux et deux amours peints en grisaille. Époque Louis XVI.

30 — Pendule en marbre blanc de forme contournée, à ornements en bronze ciselé et doré; socle adhérent mouluré, à perlé, feuilles d'eau et frises en bronze. Elle est surmontée d'un groupe en bronze doré représentant Hercule filant aux pieds d'Omphale. Époque Louis XVI.

OBJETS DIVERS

31 — Gobelet couvert de forme cylindrique évasée en argent et parties dorées. Le couvercle, orné d'une crête ajourée, est surmonté d'une figurine de saint Michel.

32 — Boite de forme oblongue, à extrémités arrondies, en or gravé et guilloché. Époque Louis XVI.

33 — Miniature ovale, peinte sur ivoire par *J.-B. Isabey*; signée. Portrait d'homme.

34 — Fontaine en terre cuite ancienne, formée d'un groupe d'enfant et monstre marin.

MEUBLES ANCIENS

SIÈGES, TRUMEAUX

35 — Glace en bois sculpté doré, moulure à oves et rais-de-cœur, surmontée d'un couronnement à rinceaux et médaillon avec chiffres; chutes de guirlandes sur les côtés. Époque Louis XVI.

36 — Trumeau en bois sculpté et doré, formé d'une glace encadrée de moulures à feuille d'eau et perle, surmontée d'une peinture décorative à sujet mythologique de l'école française. Époque Louis XVI.

37 — Secrétaire ouvrant à abattant, deux portes et un tiroir, en marqueterie de bois de couleur, avec médaillon de paysage et personnages sur l'abattant, et vases sur les portes et les côtés. Dessus de marbre. Époque Louis XV.

38 — Bureau ouvrant à cylindre en bois de rose et filets. Époque Louis XV.

f 1910 —

f 1950 N 13 f 1800 —

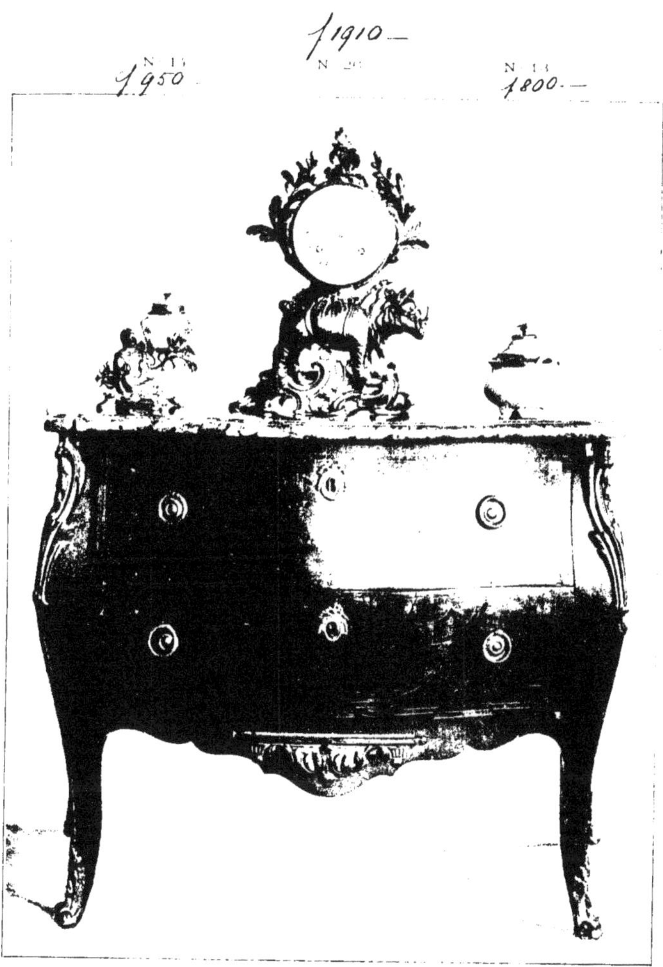

f 2100 —

39 — Petite table rectangulaire à quatre pieds cambrés avec tiroir à la ceinture, en bois de placage. Elle est ornée de chutes et sabots en bronze ciselé et doré. Dessus de marbre. Époque Louis XV.

40 — Commode de forme contournée, ouvrant à deux tiroirs, en marqueterie de bois debout sur les trois faces à rinceaux de feuillages. Elle est ornée de bronzes finement ciselés et dorés, et porte l'estampille du maître ébéniste N. Petit. Dessus de marbre. Époque Louis XV.

41 — Commode de forme galbée, en bois de palissandre et de violette, plaqué en forme d'écailles de poisson; elle ouvre à deux tiroirs et est garnie de bronzes. Dessus en marbre gris veiné. Époque Louis XV.

42 — Petit meuble, haut de bureau, en bois de placage, à plusieurs tiroirs et partie centrale évidée à fond de glace. xviiie siècle.

43 — Harpe en bois sculpté; tête ornée de feuillages, fleurs et guirlandes, la table décorée au vernis d'attributs divers et bouquets. Époque Louis XVI.

44 — Petite table ovale à quatre pieds cambrés et tablette inférieure, avec tiroir à la ceinture, en bois de rose, ornée de petits bronzes; dessus avec galerie ajourée. Époque Louis XVI.

45 — Petite table ovale à quatre pieds cambrés en bois de rose avec tiroir à la ceinture. Dessus à galerie. Époque Louis XVI.

46 — Commode ouvrant à deux tiroirs, en marqueterie de bois de couleur, à fleurs et trophée d'instruments de musique sur le devant, carrelages et fleurettes sur les côtés. Dessus de marbre. Époque Louis XVI.

47 — Bureau ouvrant à cylindre, en acajou. Époque Louis XVI.

48 — Petite table-tricoteuse, avec tiroirs sous la tablette, en acajou mouluré. Époque Louis XVI.

49 — Deux guéridons à trépied en acajou, dont un avec dessus de marbre et galerie ajourée. Époque Louis XVI.

50 — Petit métier a broder, forme coffret, en bois de placage, orné sur le dessus d'un bouquet de fleurs en marqueterie. Époque Louis XVI.

51 — Grand bureau à cylindre en bois d'acajou, orné de filets et bandes en cuivre doré, ouvrant extérieurement à deux rangs de trois tiroirs chacun à sa partie inférieure, de trois à la ceinture, et également à la partie supérieure. Entrées de serrure, anneaux et ornements en bronze doré; dessus de marbre gris. Époque Louis XVI.

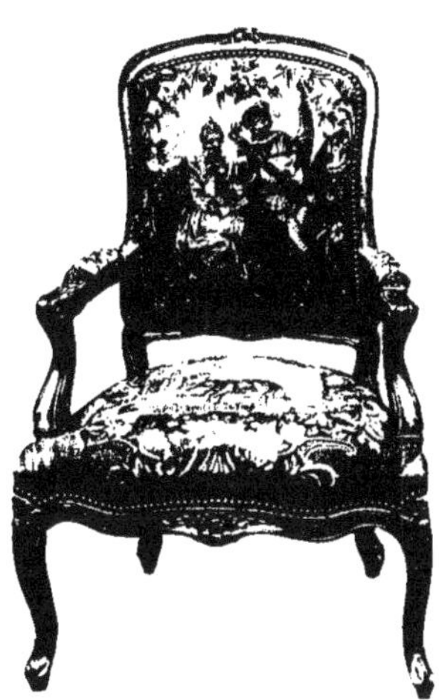
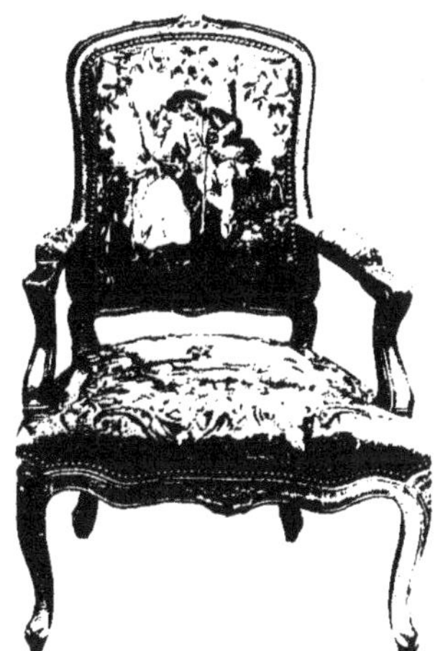
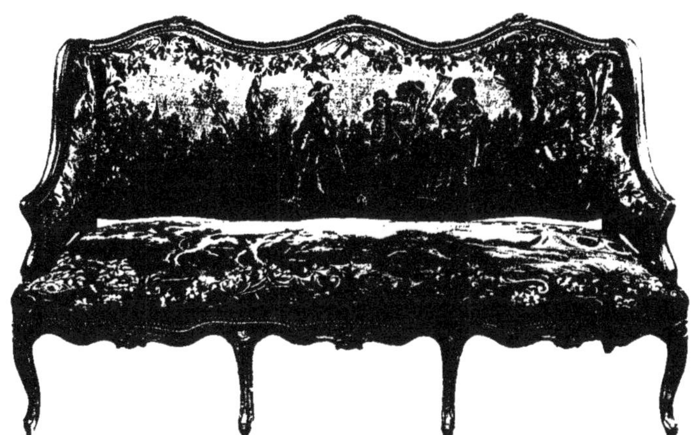

52 — Secrétaire ouvrant à abattant en acajou, orné de bronzes ciselés et dorés, avec têtes de sphynx, entrées de serrure, etc. Époque Empire.

53 — Console en bois d'acajou, supportée par des colonnes cannelées surmontées de chapiteaux avec ornements en bronze. Dessus en porphyre de Suède. Époque premier Empire.

54 — Paravent à cinq feuilles à double face, garnies d'un côté en soie crème brodée à festons et bouquets de fleurs, et, de l'autre, en ancienne soie fond rouge à festons, quadrillés et branches de fleurs. Monture en bois laqué.

AMEUBLEMENTS DE SALON

EN ANCIENNE TAPISSERIE

55 — Ameublement de salon composé d'un canapé et douze fauteuils, en ancienne tapisserie d'Aubusson, à sujets d'animaux tirés des Fables de La Fontaine et de sujets de personnages dans des paysages ; encadrements à rinceaux et guirlandes de fleurs. Bois sculptés et dorés. Époque Louis XV.

56 — **Ameublement de salon** en ancienne tapisserie d'Aubusson du XVIIIe siècle, composé d'un grand canapé, un petit canapé (non monté), deux fauteuils-marquises, quatre fauteuils et deux chaises. Sur les dossiers, jeux d'enfants d'après J.-B. Huet : sur les sièges, animaux dans des paysages. Bois sculptés et dorés de style Louis XVI.

57 — **Six fauteuils** en bois sculpté et doré, garnis en ancienne tapisserie, à bouquets de fleurs se détachant sur un fond gris. Époque Louis XVI.

58 — **Écran** en bois sculpté et doré, garni de sa feuille en ancienne tapisserie d'Aubusson : jeune bergère dans un paysage avec encadrement de rinceaux et guirlandes de fleurs. Époque Louis XV.

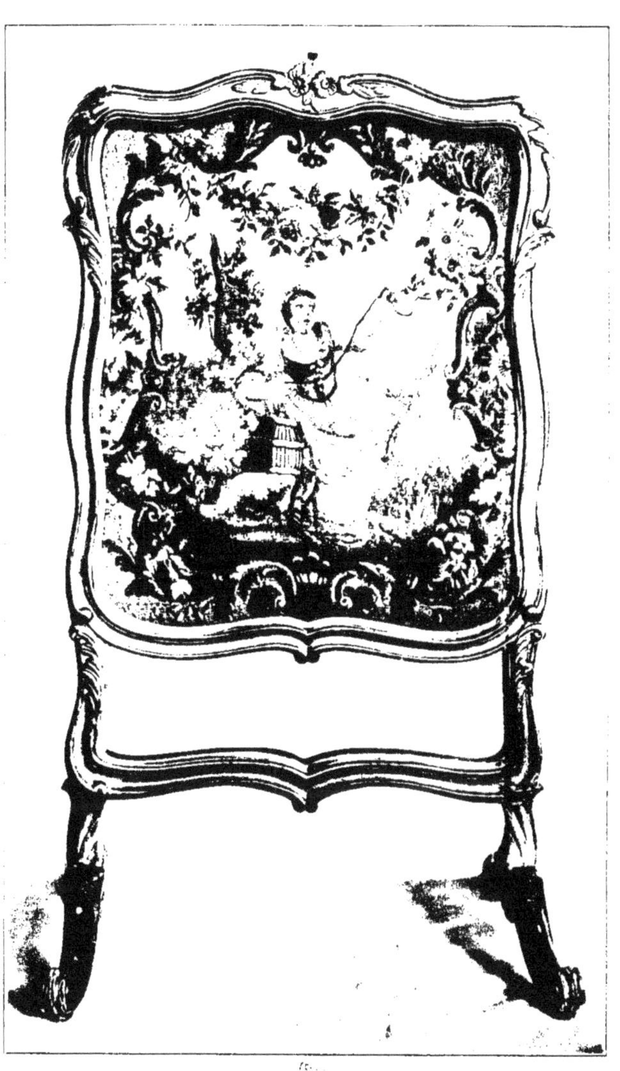

N° [illegible]

f 2000 —

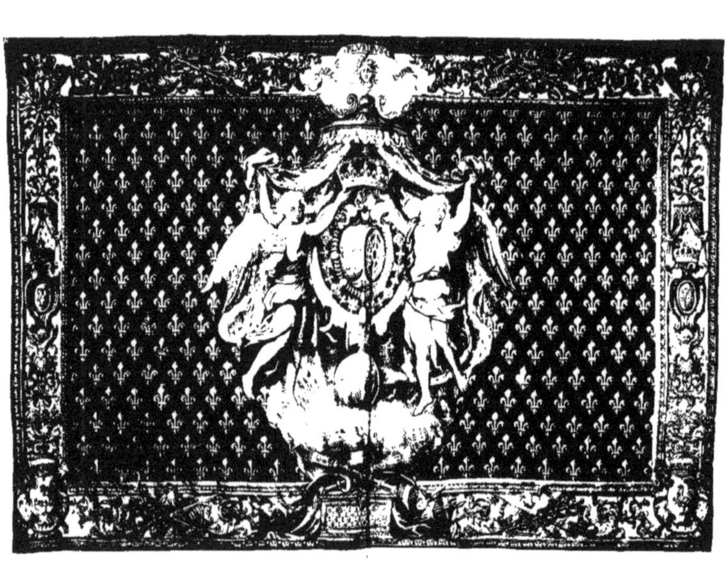

TAPISSERIES ANCIENNES

59 — Importante tapisserie de la manufacture royale de Beauvais, dite : *Chancellerie*, du temps de Louis XIV.

Les « Chancelleries » étaient des tapisseries sur fond bleu fleurdelisé, portant les armes du Roi et les attributs du sceau, destinées à être remises en présent au Grand Chancelier.

Celle-ci est une pièce de la suite donnée par le Roi au chancelier *Pierre Boucherat* (1685-1699), dont on voit les armoiries dans les coins de la bordure inférieure : *d'azur au coq d'or, crété, becqué, barbé et membré de gueules.*

Elle représente les armes de France et de Navarre, entourées des ordres du Roi, sous un dais formé d'un manteau d'hermine relevé de chaque côté par un génie tenant une couronne ; au-dessus des armes, un globe ; au milieu de la bordure inférieure, la cassette qui renferme les sceaux, et, sur cette cassette, la main et la masse de justice. Le fond bleu est semé de fleurs de lis d'or. La bordure contient les attributs de la charge : glaive, caducée, etc. Au milieu de la bordure du haut, le soleil et la devise du Roi ; sur les côtés, les *L* du Roi.

Tapisserie de Beauvais, haute-lisse de l'atelier de *Behagle* ; le panneau d'après un modèle de *Bonnemer*, la bordure de *Le Moyne*.

Haut., 3 m. 60 ; larg., 5 m. 20.

60 — Tapisserie de Beauvais présentant, sur un fond architectural, un dais à draperie d'hermine que soulèvent deux jeunes femmes et sous lequel est placé un écusson aux armes de France et de Navarre, timbré de la couronne royale. Bordure composée d'ornements et de feuillages. Époque Louis XIV.

Haut., 2 m. 85 ; larg., 2 m. 15.

61 — Suite de trois tapisseries d'Aubusson du xviiie siècle, à sujets champêtres ; bordure simulant un encadrement enguirlandé de fleurs et de feuillage.

1° Dans un paysage, on voit à droite, se détachant sur un fond de verdure, une bergère et ses moutons et deux villageois tressant des couronnes de fleurs ; plus loin, une jeune fille recueille dans un vase l'eau qui s'échappe d'une fontaine.

A gauche, un paysan portant un fagot, et un pêcheur jetant sa ligne dans une rivière qui actionne la roue d'un moulin.

Haut., 2 m. 80 ; larg., 4 m. 85.

2° Deux voyageurs sont arrêtés auprès d'un pont rustique ; et l'un d'eux indique du doigt à son compagnon l'hôtellerie qui va leur donner asile.

Haut., 2 m. 70 ; larg., 2 m. 30.

3° Assis au pied d'un arbre, un pâtre, qui garde ses moutons, s'entretient avec une jeune fille ; au fond, à droite, un pont sous lequel coule une rivière.

Haut., 2 m. 80 ; larg., 1 m. 90.

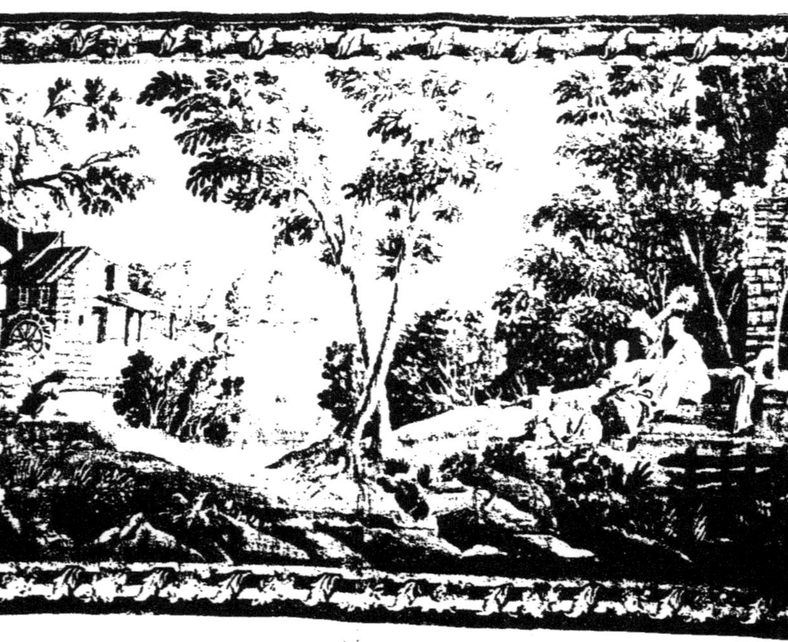

N° 61

11000 – les 3

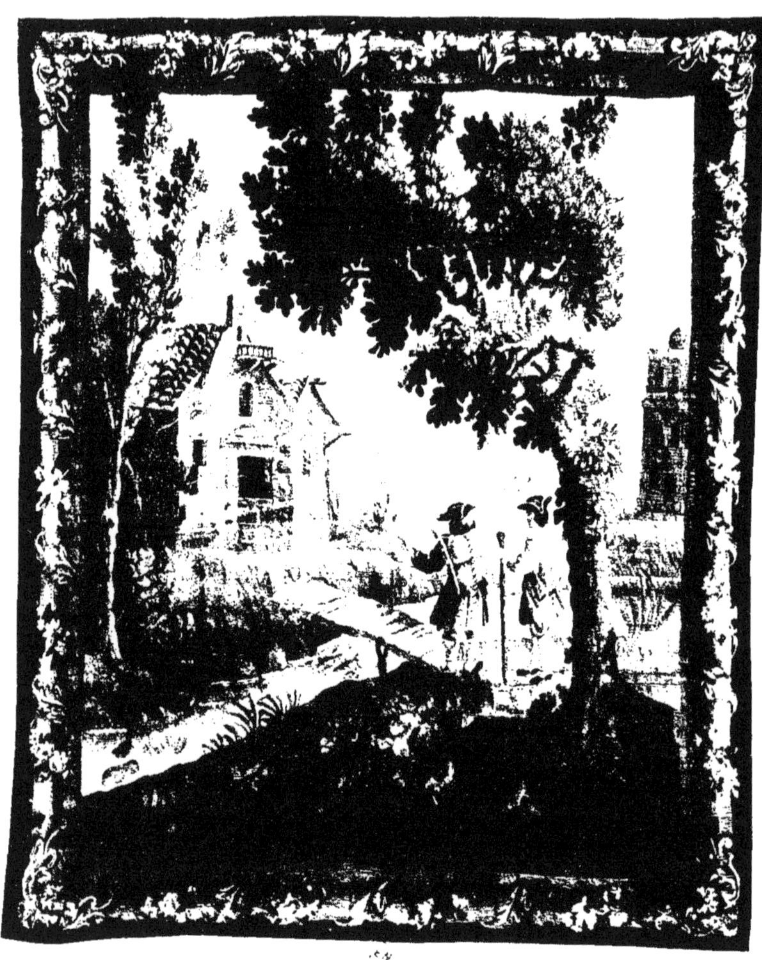

N° 61

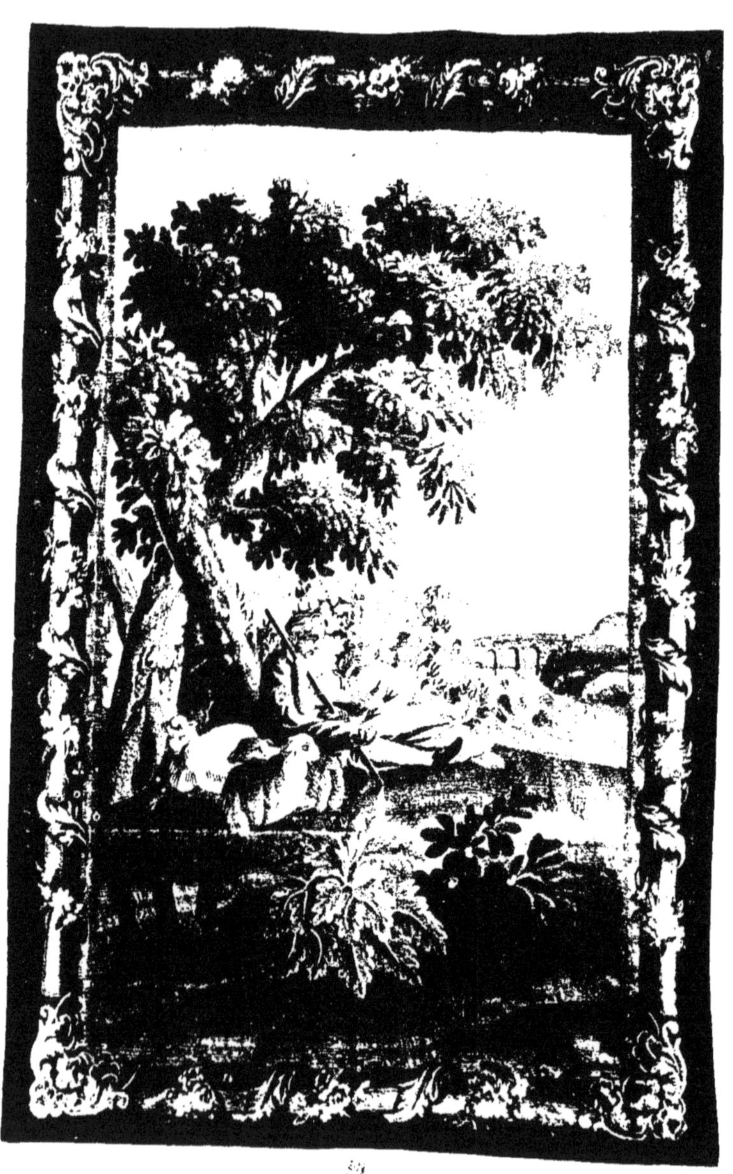

N° 61

11000

62 — Suite de six très belles tapisseries de la manufacture d'Aubusson, du XVIIIe siècle, à sujets de personnages chinois, d'après les cartons de J.-B. Le Prince.

Elles représentent :

1° *La Collation au jardin;* composition de sept personnages.

Au centre, sous un parasol tenu par un serviteur, deux personnages sont assis et devisent en goûtant; à droite, près d'un enfant à terre, un autre serviteur s'empresse, portant un plateau; à gauche, deux enfants jouent.

Haut., 2 m. 75; larg., 2 m. 70.

2° *Les Amusements du jardinage;* composition de six personnages.

Au milieu du sujet, une jeune femme debout donne des ordres à un jardinier qui l'écoute avec respect; près d'une pagode, dans laquelle se montre un personnage, un jeune couple cause amoureusement, pendant qu'à côté un autre jardinier donne ses soins à un arbre.

Haut., 2 m. 75; larg., 3 m. 70.

3° *Le Thé.*

Un personnage, debout près d'un foyer qui pétille, tient en main un bol dans lequel il s'apprête à verser le contenu d'une théière.

Haut., 2 m. 75; larg., 1 mètre.

4° *Le Retour de la pêche;* composition de sept personnages.

Une barque, chargée de quatre personnages, deux femmes et deux enfants, accoste à la rive, où l'attendent un personnage debout et un enfant tenant un parasol.

Haut., 2 m. 75; larg., 3 m. 40.

5° *Le Joueur de flûte ;* composition de deux personnages.

Au pied d'un arbre, un Chinois joue de la flûte ; devant lui, semblant l'écouter, un enfant est arrêté.

Haut., 2 m. 75 ; larg., 1 m. 25.

6° *La Surprise du pêcheur.*

Au bord d'une rivière, près d'un kiosque, un vieillard barbu vient de lever son filet ; un serpent, qu'un enfant tient dans sa main, s'en est échappé et paraît causer une frayeur au vieux pêcheur.

Haut., 2 m. 75 ; larg., 1 m. 10.

63 — SUITE DE TROIS TAPISSERIES DE BRUXELLES, représentant des animaux et des volatiles au milieu de feuillages. Large bordure à rinceaux feuillagés, fruits et rosaces sur fond rouge. Commencement du XVIIe siècle.

1° Un rhinocéros, des quadrupèdes et des volatiles au milieu de grands arbres. Au premier plan, un cours d'eau et des poissons.

Haut., 4 m. 65 ; larg., 6 m. 15.

2° Un tigre attaquant un lion, dont on voit l'arrière-train ; fond à grands feuillages, parmi lesquels se jouent des animaux variés.

Haut., 4 m. 65 ; larg., 3 m. 30.

3° Dans un paysage, des tigres poursuivent des singes ; au premier plan, une loutre, au bord d'une rivière, dévore un poisson qu'elle vient de saisir.

Haut., 4 m. 65 ; larg., 2 m. 60.

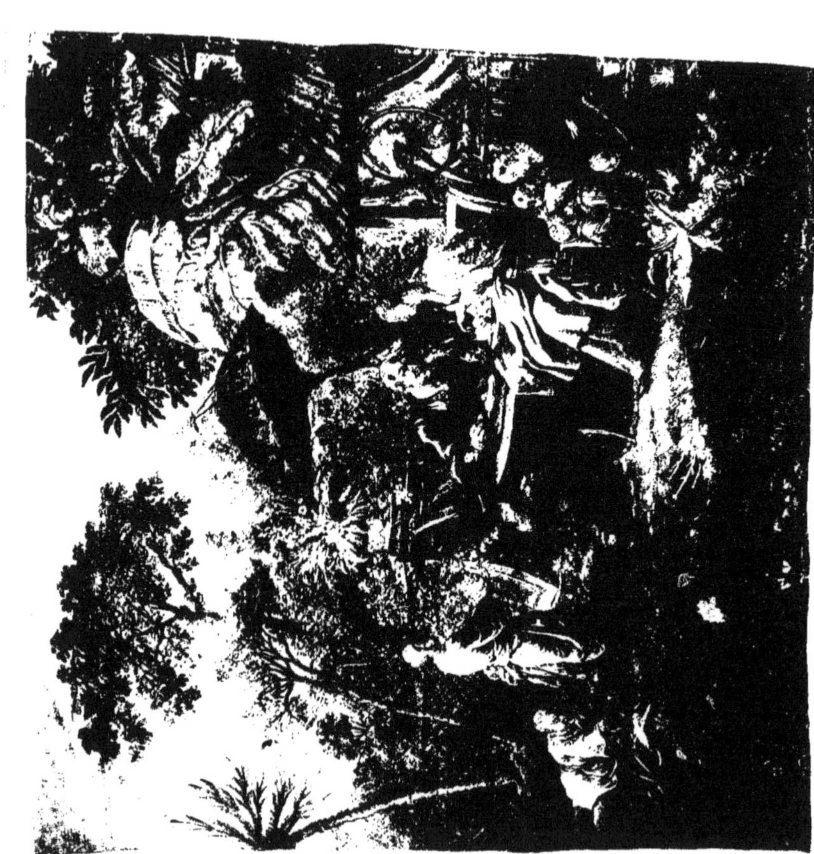

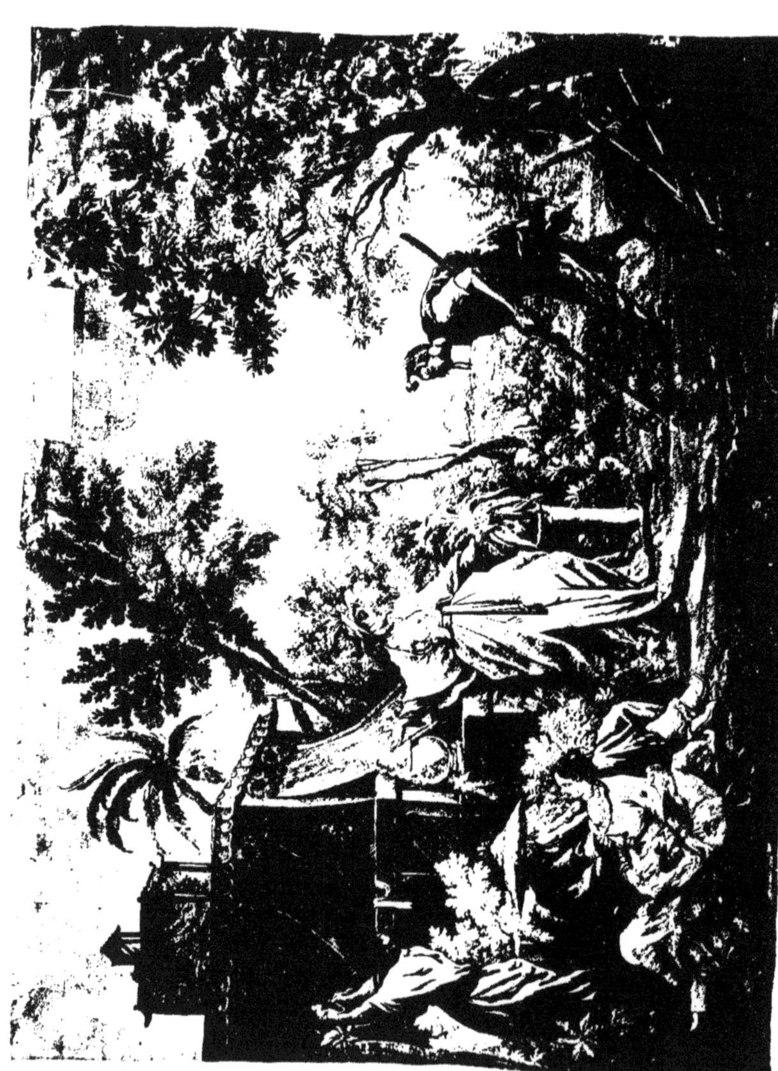

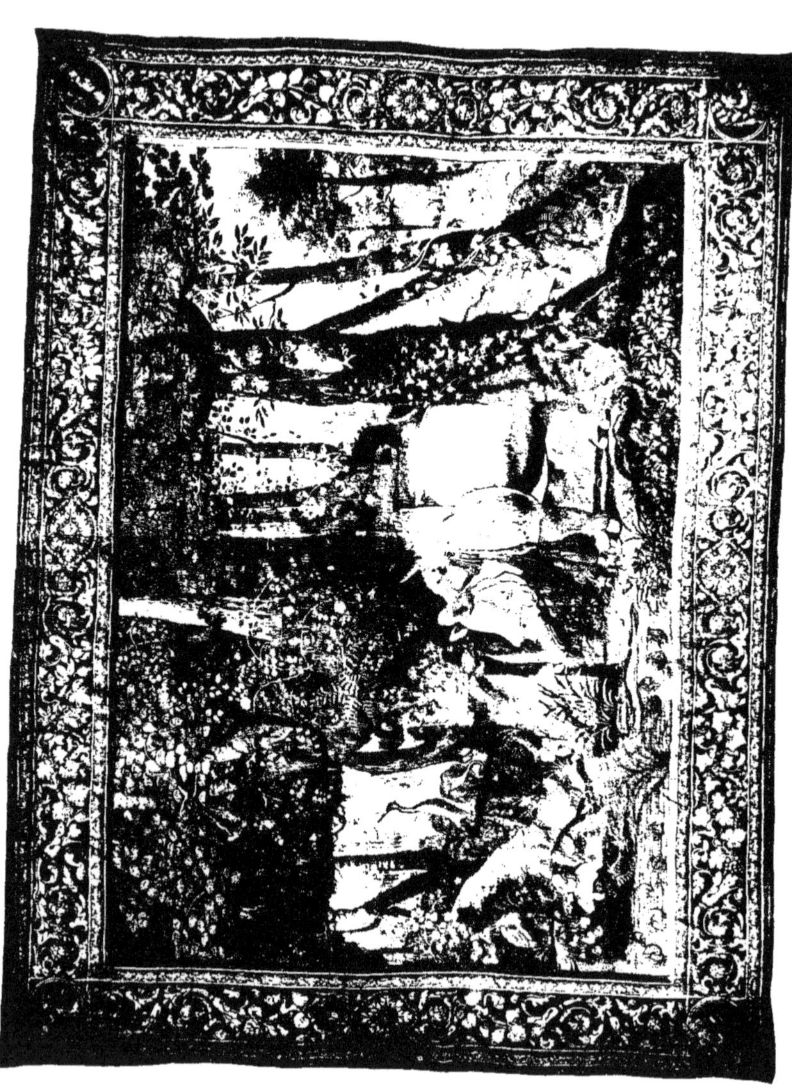

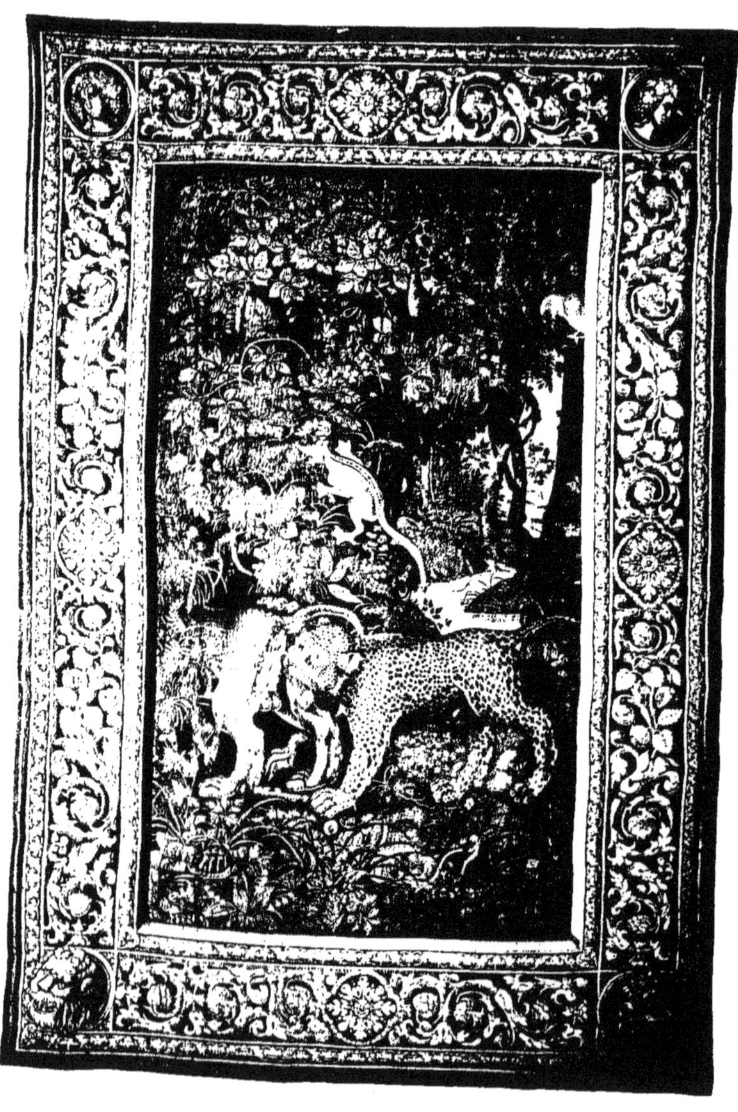

N° 63

ƒ 12.000 – lo 7 –

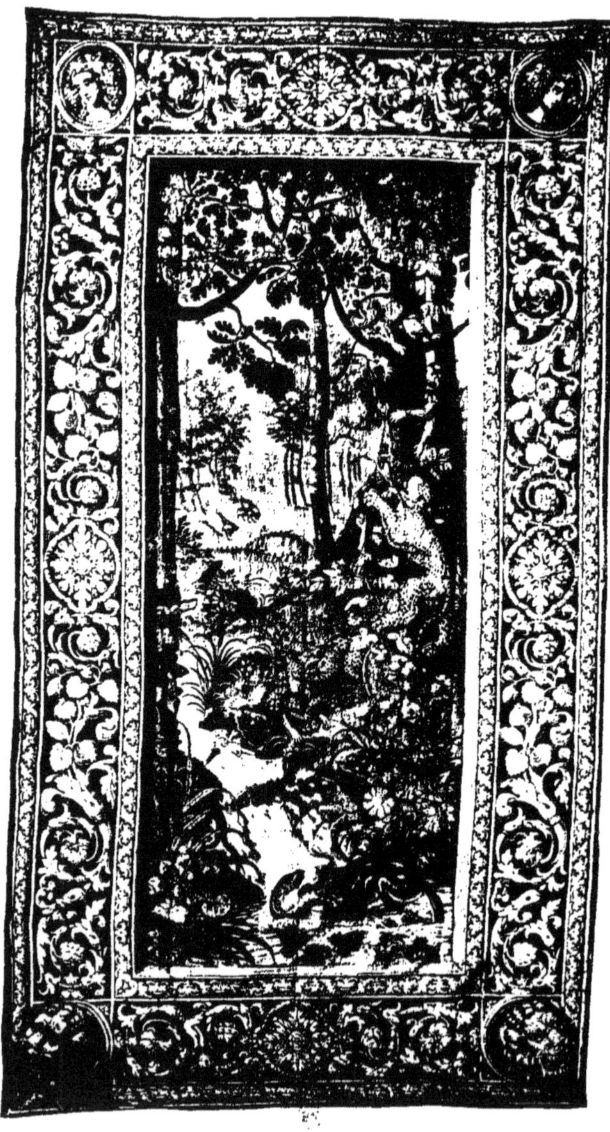

N° 63

ƒ 12000 – [illegible]

64 — SUITE DE DEUX TAPISSERIES FLAMANDES du XVIIe siècle :

Jupiter et Calisto.

Diane et Actéon.

Les panneaux sont encadrés de bordures formées par côté de colonnes à chapiteaux et bas-relief ; à la partie supérieure, cartouche avec inscription et guirlande de fruits et fleurs ; dans le bas, rinceaux et mascaron, et à chaque angle un enfant tenant une gerbe de fleurs.

Haut. environ 4 m. 10 ; larg., 3 m. 40 et 4 m. 60.

65 — TAPISSERIE, représentant des vases de fleurs sous un portique à colonnade, avec soubassement à cariatides et mascarons ; les côtés sont formés de grosses colonnes à chapiteaux, reliés par des guirlandes de fleurs décorant l'entablement. La partie supérieure, en bordure, offre des guirlandes de fruits, des médaillons et des ornements. Fond de parc. XVIIe siècle.

Haut., 2 m. 85 ; larg., 4 mètres.

66 — TAPISSERIE de même époque, semblable à la précédente.

Haut., 2 m. 75 ; larg., 3 m. 90.

67 — GRANDE BORDURE EN ANCIENNE TAPISSERIE, décor de rinceaux, fleurs et fruits. XVIIe siècle.

Long., 9 m. 90 ; haut., 30 cent.

68 — GRAND TAPIS ANCIEN DE LA SAVONNERIE, présentant, au centre, une rosace encadrée de guirlandes de fleurs sur fond gris ; l'entour à fond vert clair est décoré de motifs d'ornementation et de guirlandes de fleurs. Écoinçons à grandes palmes bleu de France. Bordure simulant un encadrement à baguettes.

Long., 6 m. 10 ; larg., 6 mètres.

Supplément du Catalogue

Nº 69	Commode L. XVI	f 1100	[illegible]
		980	[illegible]
" 70	[illegible]	4100	
" 71	Console bois [illegible] L. XVI	2100	Keller
" 72	[illegible]	9500	[illegible]
" 73	[illegible]		

[illegible]

Supplément au Catalogue

VENTE

HOTEL DROUOT, Salles 9, 10 et 11 réunies

Le Vendredi 21 Décembre, à 2 heures

COMMISSAIRE-PRISEUR
Me F. LAIR-DUBREUIL

EXPERTS
MM. PAULME & B. LASQUIN FILS

69 — COMMODE en bois de placage, ouvrant à deux tiroirs, et décorée, au centre, des attributs de la Musique en marqueterie de bois divers. Chutes, sabots et entrées de serrures en bronze. Dessus en marbre de couleur. Époque Louis XVI.

Haut., 90 cent.; larg., 1 m. 1[illegible]; prof., [illegible] cent.

70 — COMMODE en bois de placage, ouvrant à deux tiroirs, et décorée de motifs divers en marqueterie de bois de couleur. Chutes, entrées de serrures et sabots en bronze. Dessus en marbre blanc. Époque Louis XVI.

Haut., 90 cent.; larg., 1 m. 20; prof., 60 cent.

71 — CONSOLE de forme mouvementée, à quatre pieds réunis par un croisillon, en bois très richement sculpté et doré : coquilles ajourées, rinceaux, rocailles, chutes et guirlandes de fleurs. Dessus de marbre. Époque Louis XV.

Haut., 88 cent.; larg., 1 m. [illegible]; prof., [illegible] cent.

72 — Suite de six panneaux peints : toiles décoratives à sujets, dans le goût chinois, d'après Jean-Baptiste Le Prince. xviiie siècle.

Hauteur commune : 2 m. 55.

Largeur des différents panneaux : 1 m. 40, 1 m. 40, 1 m. 40, 1 m. 25, 0 m. 85, 0 m. 85.

73 — Tapisserie de la Manufacture royale d'Aubusson, présentant, dans un paysage, un jeune homme sautant à la corde ; et, à droite, un chasseur assis au pied d'un arbre, qui se prépare à tirer de l'arc. Bordure à ornements et guirlandes de fleurs formant encadrement. xviiie siècle.

Haut., 3 m. 48 ; larg., 1 m. 45.

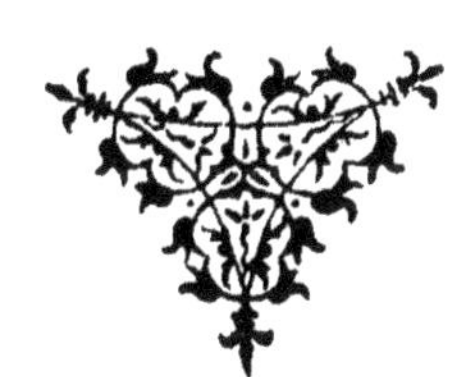

www.ingramcontent.com/pod-product-compliance
Ingram Content Group UK Ltd.
Pitfield, Milton Keynes, MK11 3LW, UK
UKHW020347180726
13839UKWH00002B/961

9 782329 517537